Fiche **notion**

Par Arnaud Sorosina

L'interprétation

LePetitPhilosophe.fr

Associez chaque citation à l'explication qui lui correspond.

Choisissez un sujet bac et construisez le plan de votre dissertation en y associant, si possible, certaines des citations et des explications reprises ci-dessus.

INTRODUCTION

L'homme est un être qui produit des symboles, c'est-à-dire qu'il ne se contente pas de recevoir passivement les informations du monde, mais qu'il leur donne du sens et les organise selon ses plans, ses projets et ses intérêts. L'interprétation est **une activité productrice de signification** :

- soit celle-ci est cachée derrière les apparences, auquel cas il s'agit de **la découvrir** ;
- soit il faut la créer pour donner à l'action humaine une orientation, auquel cas la signification fait – au moins en partie – **l'objet d'une invention**.

Si l'interprétation est si importante, c'est parce que le monde humain n'est pas une surface lisse où tout serait donné en pleine lumière, mais c'est une intrigue où les replis, les zones d'ombre et les secrets d'alcôve abondent. Tout n'est pas sous nos yeux, et c'est pour cela que l'intellect doit relayer la perception. L'interprétation commence quand les données des sens ne suffisent plus. Au moyen de l'interprétation, **l'homme s'approprie un monde étranger et le rend familier**. Donner un sens au réel, c'est donc rendre le monde habitable.

L'acte d'interprétation part d'un signe, dont il essaye de comprendre le sens : il y a, à l'origine de toute interprétation, un sens littéral tel que le présente le signe sous sa forme la plus manifeste. L'interprétation part donc de la littéralité du signe, mais cela ne signifie pas qu'elle en dérive entièrement : comment l'interprétation peut-elle se déployer, à partir du signe, sans se réduire à lui et, réciproquement, comment peut-elle s'en émanciper sans tomber dans l'arbitraire ?

<u>Niveaux de lecture :</u>

*** : incontournable

** : à ne pas négliger

* : pour approfondir

APPROCHES DE LA NOTION

LES DOMAINES DE L'INTERPRÉTATION

L'interprétation comme activité vitale ***

Si, en donnant aux choses un sens, l'homme rend familier un monde qui présente au préalable tous les caractères de l'étrangeté, il n'est certainement pas le seul, en ce sens, à interpréter le monde. Comme l'explique **Friedrich Nietzsche (1844-1900)**, **tout être vivant produit des interprétations** par lesquelles il soumet le monde à sa volonté, en mesurant sa puissance d'action sur lui. Ainsi, l'interprétation désigne d'abord la mise en perspective de ce qui est perçu à travers le prisme d'un appareil perceptif singulier.

L'interprétation n'a pas pour but la connaissance désintéressée du sens en soi, mais de ce qui fait sens pour soi. Tout organisme cherche à s'orienter dans le monde en l'interprétant, pour y dégager ce sur quoi il peut agir. C'est ce qui fait dire à Nietzsche que **l'interprétation est toujours la manifestation d'une volonté de puissance**.

Par conséquent, **la vie dans son ensemble est un processus interprétatif**, c'est-à-dire qu'elle consiste à interpréter. Sous sa forme la plus primitive, l'interprétation est une évaluation : à partir des intérêts et des préférences d'un organisme, des valeurs se font jour, de sorte que le réel est évalué d'après les valeurs d'un organisme donné.

Mais si toute perception est interprétation, alors nous sommes toujours pris dans des processus d'interprétation qui ne connaissent pas de fin. Dès lors, n'y a-t-il pas un objet spécifique de l'interprétation, au-delà de l'évaluation biologique dont parle Nietzsche ? Qu'est-ce qui, outre l'interprétation biologique, caractérise l'interprétation humaine ?

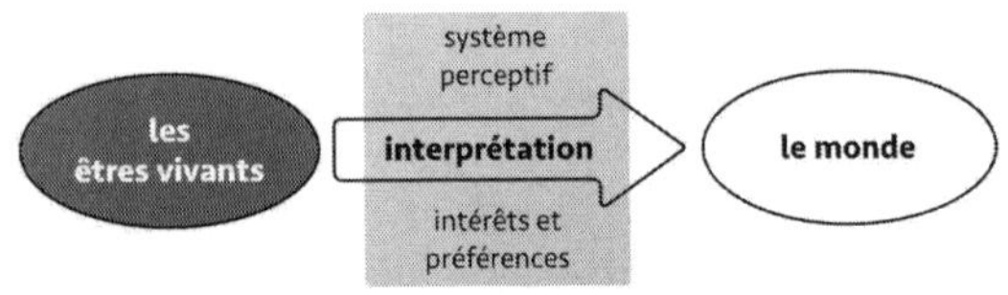

Les arts de l'interprétation *

En art, notamment dans les domaines du théâtre et de la musique, on distingue les auteurs, les compositeurs et **les interprètes**. Ces derniers **exécutent l'œuvre en lui imprimant un style** : il s'agit presque d'une **recréation**, comme en témoignent les fameuses interprétations de Beethoven par Glenn Gould.

Au fil du temps, le travail de l'interprète se dissocie progressivement de l'intention de l'auteur. Par exemple, avec l'essor de la polyphonie, au XVe siècle, l'interprète n'est plus un simple héraut de l'auteur. Dès l'âge baroque, il travaille à ses côtés et son importance est décisive. Aujourd'hui, certains styles musicaux sont explicitement destinés à laisser libre la part d'improvisation et d'interprétation, comme le jazz et les musiques de tradition orale.

Toujours est-il que la musique et le théâtre ont un statut

ambigu, dans la mesure où le matériau dépositaire des œuvres, **la partition et le texte, ne constituent pas la totalité de l'œuvre, mais son squelette** : la partition appelle l'orchestre qui donnera vie au langage musical ; le texte dramaturgique attend une représentation qui, par la mise en scène et le jeu des acteurs, n'est pas une reproduction, mais une véritable interprétation. Cependant, celle-ci n'est bien sûr pas gratuite : elle essaye de rendre compte de l'esprit du texte dans l'espace scénique ou sonore.

Le problème de la traduction **

L'interprétation implique une transposition : un système de signes est prolongé et déplacé dans un autre système signifiant. Toute interprétation suppose donc un déplacement du sens. Dès lors, comment transposer tout en étant fidèle ?

Tel est le problème de la traduction. Comme le souligne **Paul Ricœur** (1913-2005) dans *Sur la traduction* (2004), dans les langues naturelles, **la traduction ne peut pas être une simple transposition biunivoque**, c'est-à-dire capable de trouver, pour chaque mot d'une phrase, le mot correspondant dans la langue d'arrivée. En effet, les langues ne découpent pas le monde de la même manière et l'outillage linguistique n'est pas le même d'une langue à l'autre.

Le traducteur doit donc rechercher la meilleure solution pour rendre fidèlement compte du sens de la phrase, mais il est obligé de faire des concessions, voire des sacrifices. On dit souvent, en reprenant l'expression italienne, que le traducteur est un traitre : *traduttore, tradittore*. Il se livre à **une interprétation du texte original**, sans compter que sa propre lecture du texte à traduire constitue déjà une interprétation. En tout cas, l'interprète assume, comme il peut, la fonction étymologique du terme : il doit se faire médiateur (*interprès*) entre deux langues et deux locuteurs.

Ricœur rappelle qu'au sein d'une même langue il est toujours possible de dire la même chose autrement. C'est d'ailleurs ce que l'on fait lorsque l'on définit un mot par un autre, à l'instar des dictionnaires. Or le traducteur procède de la même manière (citation 2). Dès lors, qu'est-ce qui fait **une bonne traduction** ? C'est **sa capacité à ressaisir la logique spécifique du texte source et à trouver son analogue dans la langue de destination**, explique le philosophe dans *Du texte à l'action* (1986).

Par ailleurs, ce qui permet une telle transposition, n'est-ce pas le fait que le sens, bien que formulé dans une langue, déborde le cadre d'expression dans lequel il se manifeste ? C'est ici qu'apparait l'idée que l'interprétation prolonge et relaie le texte sur lequel elle porte, en mettant au jour un sens qui dépasse le matériau linguistique dans lequel il est emprisonné.

Le cœur de l'interprétation : le commentaire ***

Comme l'explique Michel Foucault (1926-1984) dans la préface de la *Naissance de la clinique* (1963), commenter un texte, c'est :

- non seulement l'expliquer, dégager son sens littéral en évitant le contresens,
- mais c'est aussi prendre la parole en son nom pour mon-

trer qu'il dit plus que ce qu'il semble dire.

L'interprétation, explique le philosophe, cherche à ressaisir le dynamisme sémantique d'une œuvre. Celle-ci produit du sens, mais il déborde l'œuvre : il la traverse sans s'y arrêter. Autrement dit, l'interprétation voudrait rendre compte du sens de l'œuvre, mais celui-ci n'est pas figé, il est riche et multiple (citation 3). Ainsi, **le commentaire retrouve le sens en même temps qu'il découvre une richesse sémantique que le texte dissimulait**. Il s'agit, dès lors, de déterminer à quelles conditions il est encore fidèle au sens du texte.

L'interprétation apparait ici comme un discours qui en redouble un autre dans un processus qui peut se reproduire à l'infini, ce qui pose le problème des limites de l'interprétation. Le texte original que l'on interprète n'est-il pas d'ailleurs lui-même une interprétation ? Le paradoxe de l'interprétation est donc celui-ci : si même l'objet interprété est une interprétation, alors il n'existe aucun fait primitif sur lequel l'interprétation s'étaye, de sorte que **nous n'interprétons que des interprétations**, comme le remarque Foucault.

Nietzsche soutenait déjà, dans *Le Gai Savoir* (1882), que **l'interprétation n'a ni commencement ni fin**, comme l'univers, tout simplement parce qu'il n'y a rien à interpréter : tout est déjà interprétation, chaque signe est en lui-même une interprétation d'autres signes, et non un objet d'interprétation (citation 4). En effet, il n'y a pas d'un côté un fait interprété et de l'autre un discours interprétant, car tout fait interprété est lui-même l'interprétation d'un autre fait.

La recherche du sens : comprendre ou expliquer ? ***

L'interprétation suspecte l'existence d'un lien, non pas horizontal entre divers phénomènes, mais vertical entre le phénomène étudié et ce qu'il cache. En ce sens, l'interprétation est tout autre chose que la recherche des causes. Elle est ce qui confère du sens à une chose, et le sens est un produit de l'homme : interpréter une chose, c'est lui donner un sens humain, donc intégrer cette chose au monde humain, soit au monde de la culture.

Le philosophe **Wilhelm Dilthey** (1833-1911) en conclut que l'interprétation n'est pas l'outil privilégié des sciences de la nature, mais des sciences de la culture. Plus spécifiquement, Dilthey oppose deux méthodes : expliquer et comprendre. En effet, les objets culturels, comme les œuvres d'art, ne font pas seulement l'objet d'une explication, qui nous renseigne sur leur composition, leurs pigments, etc., en déterminant les causes physiques de leur existence, mais surtout d'une compréhension, qui ne recherche pas les causes, mais les raisons d'être du tableau. Ainsi se distinguent :

- d'une part **les sciences de la nature**, explicatives, qui **expliquent les phénomènes** et qui répondent à la question « comment ? » ;
- d'autre part **les sciences de l'esprit**, compréhensives, qui **s'efforcent d'en dégager le sens** et qui répondent à la question « pourquoi ? » (citation 5).

Dans le premier cas, on recherche la cause matérielle, dans

l'autre la cause finale. Certains objets sont en effet dotés d'une finalité : ils portent l'empreinte d'une intention humaine, donc d'un sens. La science qui a pour but de dégager ce sens du matériau dans lequel il est emprisonné est l'herméneutique. Mais dans l'histoire de l'interprétation, c'est d'abord les textes sacrés qui ont fait l'objet d'une attention particulière : l'herméneutique est ainsi la fille de l'exégèse, c'est-à-dire de l'interprétation des Écritures.

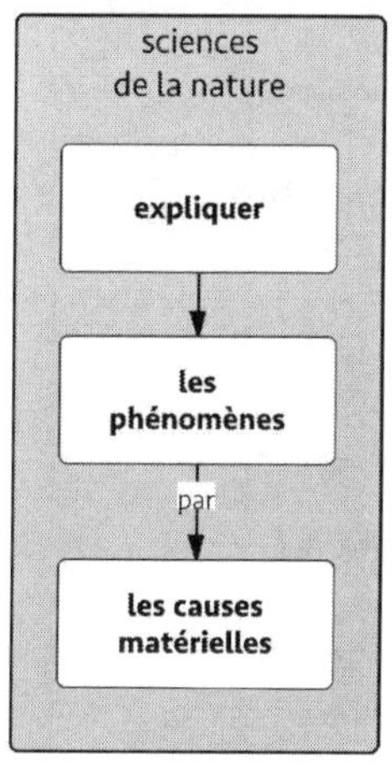

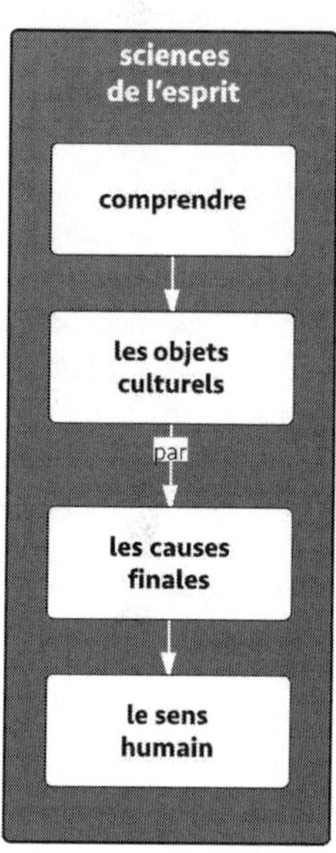

L'interprétation au service de l'idéologie : l'exégèse biblique *

L'exégèse témoigne du fait que l'interprétation n'a pas seulement un enjeu épistémologique – au sens où elle rechercherait simplement la vérité, à savoir le sens définitif d'un objet doué de signification –, mais dispose très souvent, en même temps, d'un enjeu idéologique. En effet, **l'interprétation peut servir à légitimer une vision du monde**, surtout lorsqu'elle porte sur des œuvres ou des textes qui ont une importance idéologique forte, comme les textes sacrés.

On comprend dès lors que les interprétations originales ou déviantes, que les tenants de l'interprétation traditionnelle qualifient d'hérésies, soient combattues âprement et fassent l'objet d'une règlementation. On ne peut donc pas interpréter n'importe comment, et **l'exégèse médiévale impose à l'interprète des contraintes**, sans quoi ses livres peuvent être mis à l'index, interdits, et lui-même risque l'exil, la prison ou la mort. On distingue alors :

- **les interprétations orthodoxes**, conformes à l'opinion droite (*orthè doxa*),
- et **les interprétations hétérodoxes**, dont les opinions sont marginales.

Le pouvoir contrôle ainsi la possibilité de l'interprétation autant que son contenu et ses objets. La « bonne » interprétation est celle qui est « politiquement correcte ». L'exégèse est donc réservée à des hommes de foi spécialement formés pour interpréter les Écritures ou aux grands esprits, du moment qu'ils ne prennent pas trop de liberté par rapport aux dogmes. Cela dit, il ne faut pas faire l'impasse sur la présence, au Moyen Âge, d'une théorie du sens des Écritures, qui dégage quatre voies possibles à l'interprétation : sens littéral-historique, sens allégorique, sens moral et sens mystique. L'interprétation est donc contrôlée dans son contenu et ses agents, mais cela n'empêche pas que sa forme, elle, soit plurielle, selon l'aspect sur lequel elle porte son accent.

L'interprétation comme archéologie du sens : l'herméneutique ***

La naissance de l'interprétation comme discipline n'advient que lorsque le pouvoir de la tradition cesse de faire autorité pour interpréter. Cette transition a lieu au XVIe siècle, avec l'apparition du mot « herméneutique », qui coïncide avec la Réforme luthérienne : celle-ci rejette l'autorité de la tradition selon laquelle l'Écriture seule doit faire l'objet de l'interprétation. Ainsi, la science de l'interprétation des œuvres ne prend son essor qu'en sortant du cadre strictement religieux.

Le principal artisan de ce changement est **Friedrich Schleiermacher** (1768-1834), qui pose les fondements de l'interprétation philosophique dans son *Herméneutique* (1987). Il ne s'agit donc plus de faire allégeance au pouvoir, mais d'**être fidèle à l'intention de l'auteur telle qu'elle se manifeste dans son œuvre**.

Cependant, comment se fait-il que l'on puisse comprendre un auteur mieux qu'il ne s'est compris lui-même ? C'est que nous ne sommes pas entièrement maitres du sens que nous produisons. Dans une œuvre, il y a certes ce que l'auteur a voulu y mettre, mais il n'est pas conscient de toutes les significations qui pèsent sur lui : le contexte social dont il est tributaire, les influences qu'il a subies et même sa propre vision du monde lui échappent en partie, et jouent un rôle inconscient dans l'activité créatrice. Par conséquent, **l'interprète a pour fonction de distinguer** :

- **le sens intentionnel de l'œuvre** ;
- **et ses significations involontaires, mais pourtant effectives**.

C'est pourquoi l'interprète n'est pas seulement à la recherche de l'*intentio auctoris* (l'intention de l'auteur), comme le rappelle **Umberto Eco** (1932) dans *Les Limites de l'interprétation* (1992) : il s'attache également aux significations dont l'œuvre est dépositaire indépendamment de cette intention. Il y a ainsi une *intentio operis*, autrement dit une intentionnalité propre à l'œuvre, à travers laquelle l'interprète peut reconstituer l'esprit d'une époque ou mesurer l'influence du contexte historique sur l'œuvre. Entre l'***intentio auctoris*** et l'***intentio operis***, on pourra aussi chercher des significations que l'auteur a laissé échapper malgré lui. La psychanalyse des œuvres peut alors remonter de l'œuvre à l'auteur en y délogeant l'inconscient de celui-ci. Ainsi, produire une œuvre, c'est aussi accepter de ne plus en être le maitre. L'auteur n'est donc pas nécessairement le meilleur interprète de son œuvre, mais seulement le mieux placé pour en indiquer l'*intentio auctoris* consciente.

LES LIMITES DE L'INTERPRÉTATION

L'interprétation superstitieuse **

L'interprétation court toujours le risque de sombrer dans la superstition, car si le sens est caché dans les signes, n'importe quel phénomène peut être interprété comme un signe. L'interprétation superstitieuse commence lorsque, là où nous ne parvenons pas à comprendre rationnellement la cause d'un phénomène, nous postulons l'existence d'un sens caché.

C'est ainsi, explique **Baruch Spinoza** (1632-1677) dans la première partie de l'*Éthique*, que, **faute de nous satisfaire de l'observation des causes matérielles, nous cherchons toujours une cause finale** permettant de comprendre des évènements qui n'ont pas de sens, mais seulement des causes produites par la nécessité naturelle <u>(citation 7)</u>.

Comment se fait-il, se demande, Spinoza, qu'une pierre est tombée sur la tête d'un passant ? Par ignorance, ne trouvant pas de cause naturelle à ce phénomène, l'homme en vient à attribuer à la nature des intentions et interprète des évènements hasardeux comme des châtiments ou des ré-compenses divines. Ainsi, la croyance en la finalité naturelle est un « asile de l'ignorance ». Les causes naturelles sont le domaine de la raison scientifique. Le sens, lui, provient d'une intention qui se trouve hors des objets naturels : il est donc surnaturel. Aussi n'existe-t-il que dans ce qui dépasse la matière : dans les textes.

Les dérives de l'interprétation *

Encore faut-il parvenir à déterminer ce qui distingue l'interprétation légitime du délire d'interprétation, qui voit des signes partout, comme le paranoïaque. C'est ainsi que **Sigmund Freud** (1856-1939) **a codifié l'interprétation des rêves** : aux interprétations délirantes de l'oniromancie (divination par l'interprétation des songes), Freud substitue une méthode rigoureuse d'interprétation des rêves fondée sur les principes de la psychanalyse.

Il est en tout cas manifeste que l'activité interprétative ne consiste pas à extirper une signification déjà logée dans le signe : elle extrapole plus ou moins librement à partir de ce que le signe suggère. Autrement dit, **l'interprète infléchit le sens du signe d'après une grille de lecture qui lui est propre**. C'est sans doute l'interprétation théâtrale et musicale qui en témoigne le mieux, dans la mesure où la mise en scène, le jeu d'un acteur ou d'un pianiste, peuvent donner un sens entièrement nouveau à une œuvre, alors qu'il s'agit pourtant du même texte, de la même partition.

Mais si, en actualisant le sens d'un texte par la lecture ou l'exécution, nous nous l'approprions, comment pouvons-nous encore lui être fidèles ? Toutes les interprétations se valent-elles alors ? Sommes-nous condamnés au relativisme ?

Les cercles herméneutiques **

L'herméneutique n'est pas une science exacte, mais une méthode d'interprétation, dans la mesure où, comme l'a expliqué **Hans Georg Gadamer** (1900-2002) dans *Vérité et*

Méthode (1960), **interpréter, c'est renoncer à trouver un sens définitif** : en herméneutique, il n'y a que du provisoire.

Cela est dû au **caractère circulaire** de l'interprétation : **pour interpréter, il faut déjà avoir une idée du sens de ce que l'on interprète**. Ainsi, nous comprenons un texte à la lumière de nos catégories d'analyse. Toute interprétation s'inscrit donc dans un cadre interprétatif préalable qui l'infléchit dans un sens particulier. L'interprétation n'a pas un commencement et une fin bien déterminés. L'exemple type en est la définition du dictionnaire : nous ne définissons un mot qu'avec d'autres mots, qui eux-mêmes sont définis par des mots. Ainsi, on n'interprète le sens qu'avec d'autres réalités elles-mêmes douées de sens, de sorte que le sens n'est pas une réalité bien définie, mais s'inscrit dans le cycle sans fin de l'interprétation. Dès lors, on n'a pas affaire à une circularité close sur elle-même, mais ouverte.

L'herméneutique se définit aussi par son **caractère holistique**. Cela signifie que **l'interprétation n'est pas linéaire** : elle ne construit pas le sens général en mettant bout à bout les sens particuliers qu'elle dégage. Au contraire, le paradoxe est que **l'interprétation du tout précède celle des parties** : quand nous lisons, nous avons déjà un cadre général de compréhension défini par notre expérience passée de la lecture, d'une part, et par les intérêts présents qui orientent notre lecture, d'autre part. Autrement dit, nous anticipons déjà sur le sens global de ce que nous lisons (<u>citation 7</u>). Preuve en est que nous n'avons pas besoin d'attendre la fin d'une phrase pour en reconstituer le sens. Ainsi, tout signe n'est pas interprété de manière isolée, mais inscrit dans le tout qui le contient et dont nous faisons partie. C'est aussi ce qui fait que le signe n'est pas interprété de manière neutre et objective : nous appréhendons le sens du signe à la lumière de ce que nous connaissons.

Qu'est-ce qu'une bonne interprétation ? ***

Mais tout cela ne doit nullement nous rendre pessimistes quant au statut de l'interprétation. Toutes les interprétations ne se valent pas, dans la mesure où la précompréhension peut être naïve ou familière : quand nous lisons un texte d'un auteur que nous ne connaissons pas, notre connaissance de l'auteur, de son œuvre, de son époque, modifie notre cadre interprétatif, et notre précompréhension devient de plus en plus adéquate à son objet. Qu'est-ce qui permet de le vérifier ?

Dans *Du cercle de la compréhension* (1996), **Gadamer** explique que **l'interprétation produit une certaine attente du sens à venir, au fur et à mesure que notre interprétation s'élabore**. Autrement dit, notre compréhension ne cesse de se modifier : elle s'enrichit en suivant son cours, et il peut arriver qu'au fil de la lecture, certains éléments désavouent notre interprétation d'ensemble. L'interprétation, bien que circulaire, n'en progresse pas moins en se familiarisant avec son objet, car si nous interprétons les signes à la lumière de notre grille de lecture, les signes modifient en retour notre grille de lecture. L'interprétation n'est donc pas seulement la falsification du signe présent par le cadre interprétatif issu du passé, mais également, et peut-être surtout, l'infléchissement du passé à la lumière du présent (citation 8).

Ainsi, il y a des interprétations plus fines que d'autres, mais il n'y a pas d'interprétation achevée et parfaite. Le **relativisme**, qui considère que toutes les interprétations sont bonnes, et le **dogmatisme**, qui considère qu'il existe une interprétation indiscutable, sont tous les deux renvoyés dos à dos.

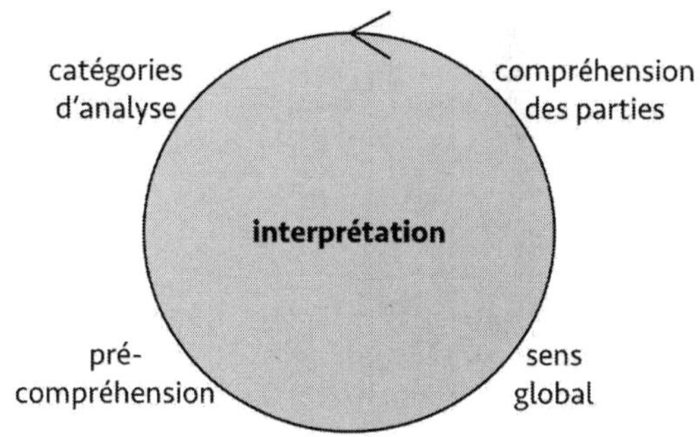

Nietzsche perçoit l'interprétation comme l'activité vitale de tout être vivant : tout organisme vivant interprète le monde pour y dégager ce sur quoi il peut agir.

L'interprétation porte par ailleurs sur des objets spécifiques, notamment sur les arts et les textes. En ce sens, elle implique une transposition de sens. Dès lors, comment transposer tout en étant fidèle ? Il s'agit notamment du problème de la traduction, dont **Ricœur** explique qu'elle ne peut être une simple transposition biunivoque, c'est-à-dire capable de trouver, pour chaque mot d'une phrase, le mot correspondant dans la langue d'arrivée.

Au cœur de l'interprétation, on trouve le commentaire de texte : selon **Foucault**, commenter un texte, c'est non seulement dégager son sens littéral, mais c'est aussi dire plus que ce qu'il semble dire.

Remarquant que l'interprétation n'est pas recherche des causes, mais consiste à attribuer un sens humain aux choses, **Dilthey** en conclut qu'elle est l'outil privilégié des sciences de la culture et non des sciences de la nature.

La naissance de l'interprétation comme discipline a lieu au XVIe siècle, avec **Schleiermacher** : il s'agit non seulement d'être fidèle à l'intention de l'auteur telle qu'elle se manifeste dans son œuvre, mais également de découvrir les significations involontaires qui s'y trouvent.

L'interprétation court cependant le risque de tomber

dans la superstition : **Spinoza** note que l'interprétation superstitieuse commence lorsque, faute de comprendre rationnellement un phénomène, nous postulons l'existence d'un sens caché.

Gadamer évoque quant à lui le caractère circulaire de l'interprétation : toute interprétation s'inscrit dans un cadre interprétatif préalable, puisque nous interprétons à la lumière de nos catégories d'analyse.

POUR ALLER PLUS LOIN

- ARISTOTE, *Catégories et De l'interprétation. Organon I et II*, traduction de Jules Tricot, Paris, Vrin, 2000.
- CICÉRON, *De la Divination*, traduction de José Kany-Turpin, Paris, GF-Flammarion, 2004.
- DILTHEY W., *L'Édification du monde historique dans les sciences de l'esprit*, traduction de Sylvie Mesure, in *Œuvres*, tome V, Paris, Éditions du Cerf, 1988.
- DILTHEY W., « Idées concernant une psychologie descriptive et analytique », traduction de Marcel Remy, in *Le Monde de l'esprit*, Paris, Aubier-Montaigne, 1947.
- ECO U., *Les Limites de l'interprétation*, traduction de Myriem Bouzaher, Paris, Le Livre de Poche, 1994.
- FOUCAULT M., *Naissance de la clinique*, Paris, PUF, 2009.
- FOUCAULT M., *Dits et Écrits*, tome I, Paris, Gallimard, 2001.
- FOUCAULT M., « Nietzsche, Marx, Freud », in *Nietzsche*, Paris, Éditions de Minuit, 1967.
- FREUD S., *L'Interprétation des rêves*, Paris, PUF, 2010.
- FREUD S., *Psychopathologie de la vie quotidienne*, Paris, Payot, 2004.
- GADAMER H. G., « Du cercle de la compréhension », in *La Philosophie herméneutique*, Paris, PUF, 1996.
- GADAMER H. G., *Vérité et Méthode*, traduction de Pierre Fruchon, de Jean Grondin et de Gilbert Merlio, Paris, Seuil, 1996.
- HEIDEGGER M., *Être et Temps*, Paris, Gallimard, 1986.
- NIETZSCHE F., *Le Gai Savoir*, traduction de Pierre Klossowski, Paris, Gallimard, 1989.

- NIETZSCHE F., *Fragments posthumes (Automne 1887 — Mars 1888)*, traduction d'Henri-Alexis Baatsch et de Pierre Klossowski, Paris, Gallimard, 1976.
- PLATON, *Ion*, traduction de Monique Canto, Paris, GF, 1989.
- PLATON, *Protagoras*, traduction de Frédérique Ildefonse, Paris, GF-Flammarion, 1997.
- RICŒUR P., « De l'interprétation », in *Du texte à l'action. Essais d'herméneutique*, Paris, Seuil, 1998.
- RICŒUR P., *Le Conflit des interprétations. Essais d'herméneutique*, Paris, Seuil, 1969.
- RICŒUR P., *Sur la traduction*, Paris, Bayard, 2004.
- SCHLEIERMACHER F., *Herméneutique. Pour une logique du discours individuel*, traduction de Christian Berner, Paris, Éditions du Cerf, 1989.
- SPINOZA B., *Éthique*, traduction de Charles Appuhn, Paris, GF-Flammarion, 1993.

TESTEZ VOS CONNAISSANCES !

Citations

- **Citation 1 :** « La volonté de puissance interprète [...]. En vérité, l'interprétation est un moyen en elle-même de se rendre maître de quelque chose. Le processus organique présuppose un perpétuel interpréter. » (NIETZSCHE F., *Fragments posthumes [Automne 1887 – Mars 1888]*, Paris, Gallimard, 1976)
- **Citation 2 :** « [...] dire la même chose autrement – autrement dit –, c'est ce que [fait] le traducteur de langue étrangère. » (RICŒUR P., *Sur la traduction*, Paris, Bayard, 2004)
- **Citation 3 :** « Commenter c'est admettre par définition un excès du signifié sur le signifiant, un reste nécessairement non formulé de la pensée que le langage a laissé dans l'ombre [...]. » (FOUCAULT M., *Naissance de la clinique*, Paris, PUF, 2009)
- **Citation 4 :** « Si l'interprétation ne peut jamais s'achever, c'est tout simplement qu'il n'y a rien à interpréter. [...] au fond, tout est déjà interprétation, chaque signe est en lui-même non pas la chose qui s'offre à l'interprétation, mais interprétation d'autres signes. » (FOUCAULT M., « Nietzsche, Marx, Freud », in *Nietzsche*, Paris, Éditions de Minuit, 1967)
- **Citation 5 :** « La nature, nous l'expliquons ; la vie de l'âme, nous la comprenons [...]. » (DILTHEY W., « Idées

concernant une psychologie descriptive et analytique »,
in *Le Monde de l'esprit*, Paris, Aubier-Montaigne, 1947,
p. 149-150)

- **Citation 6 :** « [Il faut] d'abord comprendre le discours
aussi bien que l'auteur, puis mieux que ne le com-
prenait l'auteur lui-même. » (SCHLEIERMACHER F.,
Herméneutique. Pour une logique du discours individuel,
Paris, Éditions du Cerf, 1989, p. 87)
- **Citation 7 :** « Les hommes supposent communément que
toutes les choses naturelles agissent comme eux, en vue
d'une fin, et bien plus ils considèrent comme certain que
Dieu dispose tout en vue d'une certaine fin. » (SPINOZA
B., *Éthique*, Paris, GF, 1993, I, appendice)
- **Citation 8 :** « L'accord de toutes les particularités avec
le tout est à chaque fois le critère de la justesse de la
compréhension. » (GADAMER H.G., « Du cercle de la
compréhension », in *La Philosophie herméneutique*, Paris,
PUF, 1996)

Explications

- **Explication a :** à la différence des sciences de la nature,
qui expliquent les phénomènes, les sciences de l'esprit
s'efforcent de les comprendre, c'est-à-dire d'en dégager
le sens.
- **Explication b :** faute de nous satisfaire de l'observation
des causes matérielles, nous cherchons toujours une
cause finale permettant de comprendre des évènements
qui n'ont pas de sens.
- **Explication c :** l'interprétation, en donnant du sens à l'expérience vécue, permet à l'être vivant de mieux s'orienter

dans le monde et ainsi d'augmenter sa puissance d'agir sur lui.

- **Explication d :** l'interprétation n'a ni commencement, ni fin, parce que tout est déjà interprétation.
- **Explication e :** l'interprétation peut servir à légitimer une vision du monde, d'autant plus lorsqu'elle porte sur des textes ayant une grande importance idéologique, à l'instar des Écritures.
- **Explication f :** une bonne interprétation est celle qui parvient à rendre cohérent avec le tout le plus grand nombre de ses éléments.
- **Explication g :** non seulement l'interprétation permet de retrouver le sens que l'auteur d'une œuvre a voulu exprimer, mais elle peut percevoir des significations supplémentaires dans l'œuvre, qui lui permet d'aller au-delà de l'intention de son créateur.
- **Explication h :** le sens n'est pas figé : il dépasse l'œuvre dans lequel il est logé. C'est cet excès de sens que le commentaire de texte cherche à retrouver.
- **Explication i :** la tâche du traducteur est de dire la même chose, mais d'une autre manière : ainsi, une bonne traduction consiste à ressaisir la logique du texte source et à trouver son analogue dans la langue de destination.
- **Explication j :** dans les domaines du théâtre et de la musique, les interprètes exécutent l'œuvre en lui imprimant un style propre : en ce sens, il s'agit presque d'une recréation.

CHOISISSEZ UN SUJET BAC ET CONSTRUISEZ LE PLAN DE VOTRE DISSERTATION EN Y ASSOCIANT, SI POSSIBLE, CERTAINES DES CITATIONS ET DES EXPLICATIONS REPRISES CI-DESSUS.

- Y a-t-il des interprétations vraies ?
- Une interprétation peut-elle prétendre à la vérité ?
- Toutes les interprétations se valent-elles ?
- Faut-il tout interpréter ?
- Toute interprétation est-elle subjective ?
- Peut-on interpréter sans inventer ?
- L'interprétation a-t-elle une fin ?
- Y a-t-il des critères d'interprétation ?
- L'interprétation est-elle un obstacle à la compréhension du monde ?

Rendez-vous sur lepetitphilosophe.fr et découvrez :

Plus de 1200 analyses
Claires et synthétiques
Téléchargeables en 30 secondes
À imprimer chez soi

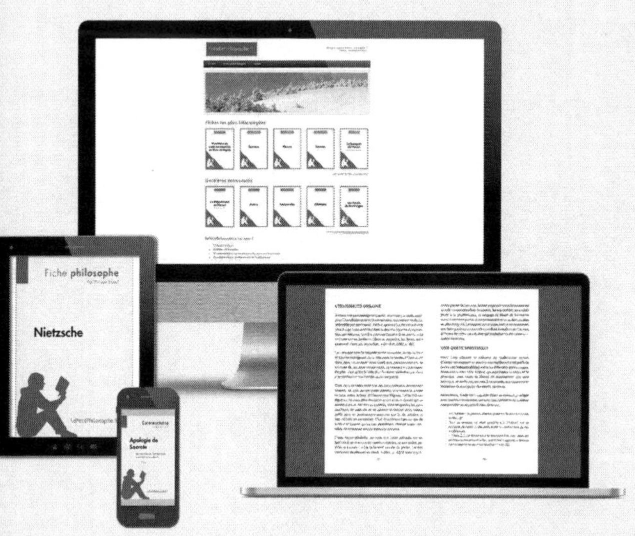

ISBN version numérique : 978-2-8062-4448-2
ISBN version papier : 978-2-8062-4425-3
Dépôt légal : D/2017/12603/579

Schémas réalisés par Alberto Molina Pérez, doctorant en philosophie des sciences (Université Paris I-Panthéon-Sorbonne)

Conception numérique : Primento,
le partenaire numérique des éditeurs.